Swing Trading Utilizzando il Grafico a 4 Ore

I0503531

Parte 1: Introduzione allo Swing Trading

Heikin Ashi Trader

Indice

1. Perché fare Swing Trading?

La maggior parte dei nuovi operatori del mercato azionario tenta la fortuna con il trading giornaliero. E in questo non c'è nulla di male. È possibile guadagnare bene con il trading giornaliero se si è bravi a farlo. SE! Il problema è che molti aspiranti trader sottovalutano in maniera significativa le difficoltà del trading. Ne elencherò solo qualcuna:

In un breve lasso di tempo si è in competizione con centinaia di migliaia di trader (per lo più giovani) molto ben addestrati ed equipaggiati con la tecnologia il più avanzata possibile.

Bisogna aspettarsi una certa competizione dai cosiddetti algoritmi. In altre parole, si dovrà combattere contro programmi costosi che sono stati sviluppati dalle migliori menti.

Ci si potrà aspettare ulteriore concorrenza dalla mancanza di volatilità degli ultimi anni. Capita spesso che i tipici mercati di trading, come l'E-mini, i mini futures Dow, EUR / USD e il petrolio si muovano lateralmente tutto il giorno per poi fare improvvisamente un grande salto senza preavviso. Avrete la giusta posizione in quel momento?

Il vostro più grande concorrente siete voi stessi. Non sottovalutate la pressione psicologica durante la giornata di trading. Molti trader si sono arenati con questo metodo. Anche se avrete un momento di successo, non significa che sarà sempre così.

Se, nonostante questi inconvenienti volete ancora fare trading giornaliero, allora fatelo!

A differenza del trading di giornata, il trading di posizione con grafici giornalieri o anche grafici settimanali è molto più comodo al fine di riuscire ad ottenere un guadagno sul mercato azionario. E, francamente, mi sento di raccomandare alla maggior parte delle persone di utilizzare questo metodo.

Ma attenzione! Anche in questo caso esiste molta concorrenza! Qui si deve competere con i principali operatori: fondi di investimento, compagnie di assicurazione e hedge funds che speculano su orizzonti a medio termine con azioni, indici, materie prime e valute.

Questi operatori largamente capitalizzati potrebbero, ad esempio, avere l'idea di vendere in gran numero le azioni che voi avete appena comprato. Non perché l'azione è improvvisamente diventato un male. Potrebbe essere, per esempio, che abbiano bisogno di soldi per un altro investimento. Oppure, ne hanno bisogno per pagare i loro clienti scontenti. Vedete, anche "investire" non è così semplice. Potreste asserire che il mercato azionario assomigli ad una fossa dei serpenti e non stareste nemmeno minimamente esagerando. C'è un'alternativa?

Io penso che ci sia. Questa alternativa si chiama **swing trading**. Si tratta di uno stile di trading che si svolge in un lasso di tempo che è troppo lento per i trader di giornata e troppo veloce per gli investitori. In altre parole, in questo time frame, vengono eseguiti piccolissimi trade professonali. Potreste anche non mai letto nulla del genere sulla stampa. Quando è stata l'ultima volta che avete letto un interessante articolo sul giornale in merito allo swing trading? Probabilmente mai ...

Cosa intendo per time frame? I grafici che gli swing trader di solito usano sono grafici orari, o meglio ancora, grafici a 4 ore. In alcuni casi, gli swing traders operano anche con i grafici giornalieri. Questo è un periodo che sta a metà tra l'investitore e il trader di giornata. Ci si siede come tra due sedie e questo è un bene, perché qui si è quasi da soli.

2. Perché Dovreste Fare Trading Utilizzando il Grafico a 4 Ore?

Ci sono ottime ragioni per lavorare con il grafico a 4 ore. I time frame più piccoli, come ad esempio il grafico a 5 minuti o a 15 minuti (tipici dei trader giornalieri) non sono rappresentativi del Flusso di Denaro. Quello che si può ottenere con un sacco di soldi, non potrete vederlo qui. Tuttavia, potrete chiaramente vederlo sul grafico a 4 ore. Un modello tecnico include molte più informazioni ed indica piuttosto chi controlla il mercato in questo momento: i tori o gli orsi. Volete saperlo, giusto?

A differenza di molti altri operatori che amano lavorare con grafici candlestick, io utilizzo il **grafico heikin-ashi**. Questo tipo di grafico ha diversi vantaggi: il trend è più visibile grazie alla visione più smussata delle candele (a differenza delle Candlestick). La forza del trend è visibile dalla dimensione della candela e dalla presenza delle "pin" (lunghe ombre sopra o sotto il corpo della candela).

In altre parole, i grafici heikin-ashi illustrano molto bene lo squilibrio tra domanda e offerta e mostrano anche i punti di inversione in modo chiaro. Pertanto, essi sono un ottimo strumento per identificare i flussi di capitale sui mercati. L'esempio che segue dell'indice Dow Jones spiega meglio il concetto.

Figura 1: Dow Jones, grafico a 4 ore, HeikinAshi

Il grafico a 4 ore mostra le "oscillazioni" molto chiaramente. Questi movimenti di solito durano un paio di giorni. Fasi di salita (bianco, candele crescenti) e fasi di discesa (nero, candele discendenti) si vedono chiaramente in questo esempio di un grafico HeikinAshi. Per illustrarlo, vi mostrerò ora lo stesso segmento dell'indice Dow Jones nella rappresentazione delle candlestick:

Figura 2: Indice Dow Jones, grafico a 4 ore, candlestick

Spero che possiate notare la differenza. Naturalmente, è possibile lavorare bene con i grafici candlestick. Ma, io preferisco la presentazione visiva del grafico HeikinAshi contro quella delle candlestick. Mi piace quando posso rilevare a prima vista se un mercato è in un trend rialzista o in uno ribassista.

Sui grafici candlestick capita spesso di ottenere segnali contraddittori. In un trend al rialzo possono apparire improvvisamente le candele nere che potrebbero dare al trader l'impressione che il trend sia terminato. Questi segnali falsi sono per lo più filtrati sul grafico HeikinAshi. Questo è un vantaggio da non sottovalutare.

L'esempio mostra anche molto chiaramente ciò che i trader esperti sanno da tempo: i movimenti di mercato di solito durano da 3 a 5 giorni. Dopo che il mercato ha effettuato un rally per 5 giorni, solitamente si calma di nuovo. Si forma quindi un consolidamento o movimento laterale.

Nell'esempio precedente, il movimento verso l'alto si è svolto in tre onde che è possibile identificare molto bene grazie alle candele bianche nel grafico HeikinAshi. Queste onde sono durate circa 24 ore (o otto candele di 4 ore). Anche la fase di correzione intermedia (di solito candele nere) è durata circa otto candele. Nel complesso, questo movimento nel Dow Jones è durato cinque giorni. Per tre giorni, il Dow era in un trend rialzista e per due giorni in modalità correttiva. Questo modello si potrà vedere più e più volte.

In quanto swing trader vorrete sicuramente approfittare di queste oscillazioni. Il grafico a 4 ore visualizza questi movimenti molto bene nel contesto della situazione attuale del mercato. Per inciso, lo swing trading funziona anche se il mercato non è in un trend, ma in un movimento laterale volatile. L'esempio seguente mostra una fase di questo tipo.

Figura 3: S&P500, grafico a 4 ore, HeikinAshi

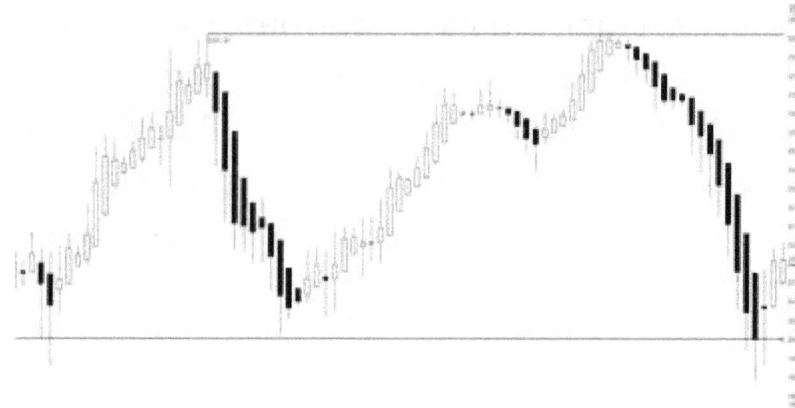

La figura 3 mostra un andamento laterale dell'**indice S&P500**. Ho indicato i limiti superiori e inferiori con una linea orizzontale, in quanto sono significativi in questo esempio. La linea di fondo, che si chiama anche supporto, cade esattamente sulla cifra tonda 2000. Tali livelli di prezzo sui mercati finanziari hanno un significato psicologico importante e sono rispettati da molti trader e dai partecipanti al mercato istituzionale.

Non è dunque un caso che il mercato abbia un supporto su questo livello. Cioè, ci sono molti acquirenti in attesa disposti ad entrare sul mercato non appena si raggiunge questo livello di prezzo. Gli swing trader prestano grande attenzione ai "livelli psicologici". In genere, si vedrà che il mercato nel primo o secondo test "gira" in corrispondenza di questi livelli.

Timing

Un altro motivo importante per lavorare con il grafico a 4 ore è il timing. Per i trader giornalieri, il tempismo è tutto. Per gli swing trader, la direzione deve essere quella giusta. Bisognerebbe dare al mercato qualche ora o giorno per svilupparsi. Quindi non è poi così importante se avete acquistato il Dow a 16.500 o a 16.550. Il fattore importante è la giusta direzione.

Gli swing trader devono anche considerare i contro-movimenti periodici. Può anche darsi che il mercato si muova temporaneamente 30-50 punti contro la vostra posizione. Ciò non dovrebbe farvi uscire dalla vostra posizione. Non potete permettervelo in quanto trader di giornata.

Le vostre vincite saranno maggiori se opererete con lo swing trading. Potrete ottenere buoni profitti per lo più da quei movimenti imprevisti, di cui ho parlato in precedenza con questo metodo, anche se non potrete sapere in anticipo quando appariranno. Ma, non è poi così male. Gli swing trader possono aspettare che il mercato prenda la sua decisione.

Di solito si hanno diverse ore di tempo sufficienti per pensare ad un ingresso. Non è necessario acquistare tutto ora e subito. Consiglio anche di utilizzare gli ordini limite quando si lavora. In questo modo, è possibile costruire la propria posizione con calma, dopo aver fatto le proprie analisi.

Se si acquista tramite ordine di mercato (o si vende quando si va short) si accetta il prezzo di mercato corrente. Solitamente esso non è il miglior prezzo per entrare in una posizione. Spesso, vale la pena di piazzare l'ordine limite 50 punti più in basso, se si desidera acquistare. Può anche darsi che il mercato cerchi di nuovo questo livello prima di andare nella direzione desiderata.

Ultimo ma non meno importante: non è necessario stare tutto il giorno davanti allo schermo. Molti nuovi arrivati sual mercato azionario trovano molto eccitante osservare la salita e la discesa dei prezzi. Ma questo non ha nulla a che fare con i guadagni.

Gli swing trader analizzano il mercato in cui operano una volta al giorno. Inseriscono gli ordini e sono pronti per la nuova giornata. Secondo la mia esperienza i risultati sono migliori se non si controllano costantemente le proprie posizioni. So che nell'era dei tablet e degli Smartphone questa potrebbe essere una sfida. Ma, se avete già operato in questo campo da un po' di tempo, sarete in grado di confermare questa affermazione.

È meglio accompagnare la vostra posizione long (o short eventualmente) con un ordine OCO. La vostra posizione viene così protetta automaticamente da un ordine di stop loss per limitare le perdite e per realizzare profitti attraverso un ordine automatizzato take profit al raggiungimento del target.

Viene attivato o uno o l'altro ordine. I rispettivi ordini in sospeso saranno chiusi automaticamente dal sistema. Il resto è meglio lasciarlo al mercato se questo trade in particolare sarà in vincita o in perdita. Potreste chiudere il vostro PC o computer portatile e fare qualcosa di diverso.

Questa procedura si chiama "Imposta e Dimentica." Il trader piazza il suo acquisto limite, che si accompagna automaticamente ad un ordine stop-loss predeterminato e un ordine take profit. Si determina così il suo massimo rischio e al tempo stesso si individua un livello di prezzo sul quale egli vuole realizzare il profitto.

Figura 4: Attesa posizione short in futures su petrolio

Per illustrare questo punto, voglio mostrarvi un esempio di una posizione short in un future sul petrolio. La linea orizzontale è un livello di resistenza a US $ 50,20, dove voglio vendere (vale a dire andare short). Come si può vedere, al momento dello screenshot, il mercato non aveva ancora raggiunto questo livello. Quindi, il mio limite di vendita era rimasto in attesa fino al verificarsi di questo evento.

Allo stesso tempo avevo un ordine di vendita a $ 50,60 (linea nera sopra) accompagnato da un ordine di stop e a US $ 48.80 (linea nera sotto) avevo piazzato un ordine di take profit. Nel momento in cui fosse scattato il mio limite di vendita $ 50,20, gli altri due ordini sarebbero stati attivati automaticamente. Quindi sapevo che avevo un rischio di $ 0.40 su questo trade e che avrei potuto vincere $ 1,40. Ciò corrisponde ad un rapporto rischio-rendimento (RRR) di circa 1: 3, che è abbastanza alto.

Se dovesse essere eseguito uno dei due ordini che accompagnano il mio trade di vendita, l'altro ordine verrebbe annullato automaticamente. In quanto trader ho bisogno solamente di aspettare e vedere cosa deciderà il mercato. Questa serenità relativa alle intenzioni del mercato andrebbe sviluppata da ogni swing trader, perché solo con l'analisi è possibile ottenere buoni risultati, ma in ultima analisi, è il mercato che decide se si otterrà un profitto o una perdita con il vostro prossimo trade.

Se si inseriscono sempre trade con un buon RRR, allora questa buona abitudine si rifletterà prima o poi in un risultato di trading positivo.

Attraverso una buona selezione qualitativa dei trade (oggetto del secondo libro di questa serie), è possibile migliorare ulteriormente questo risultato.

3. Quali sono i Mercati più adatti per lo Swing Trading?

In linea di principio, è possibile fare swing trading in ogni mercato. Le azioni sono ottimi strumenti, dal momento che subiscono fluttuazioni molto forti. Ma, non tutti sono bravi con le azioni: io, per esempio, non sono bravo. Certamente ciò ha a che fare con il fatto che il mercato azionario chiude in serata per riaprire nuovamente la mattina successiva.

Questo non è sempre un vantaggio, perché il prezzo di chiusura di un giorno può non essere lo stesso prezzo di apertura del giorno seguente. Molto spesso si verificano differenze, dette gap, durante la notte. Questo può accadere naturalmente a proprio vantaggio, ma spesso a vostro svantaggio. Non è proprio piacevole svegliarsi la mattina dopo e scoprire che le azioni acquistate il giorno prima sono scese del 5%.

L'alternativa per un trader che voglia evitare grandi gap dei prezzi nelle azioni è : lavorare solo nei trade markets. Cosa voglio dire con questo? Dovreste fare trading nei mercati generici anziché in quelli basati sulle singole azioni. Potrebbero essere indici azionari (Dow Jones, DAX, Nasdaq e S&P500), materie prime (oro, argento, petrolio) o valute (euro, dollaro, sterlina, yen ...).

Se fate trading sui "mercati", e non sulle azioni, potreste a volte subire alcuni gap di prezzo, ma la maggior parte di essi saranno notevolmente inferiori a quelli che si verificherebbero con le azioni. La ragione è semplice. Se operate sul Dow Jones, per esempio, state investendo non in uno, ma in 30 aziende. Il Dow Jones non è altro che un paniere di 30 importanti aziende americane.

I vari gap di prezzo di queste 30 compagnie sono simili, quindi i gap notturni dell'indice Dow Jones sono per lo più moderati. Se mai subirete un gap superiore al 5% o oltre nei prezzi degli indici azionari, dovreste prendere seriamente in considerazione una pausa dal trading.

Questi gap estremi appaiono per lo più durante i periodi di maggiore volatilità, come ad esempio nel 2008, durante la crisi finanziaria. Per fortuna, sono periodi solitamente brevi e che non si verificano troppo spesso. Ma non si possono escludere, motivo per cui si dovrebbe sempre tenere d'occhio il **VIX**. Il VIX è l'acronimo di indice di volatilità CBOE. Questo indice esprime la fluttuazione dell'indice del mercato azionario S&P 500 degli Stati Uniti.

Figura 5: VIX, 2006-2016

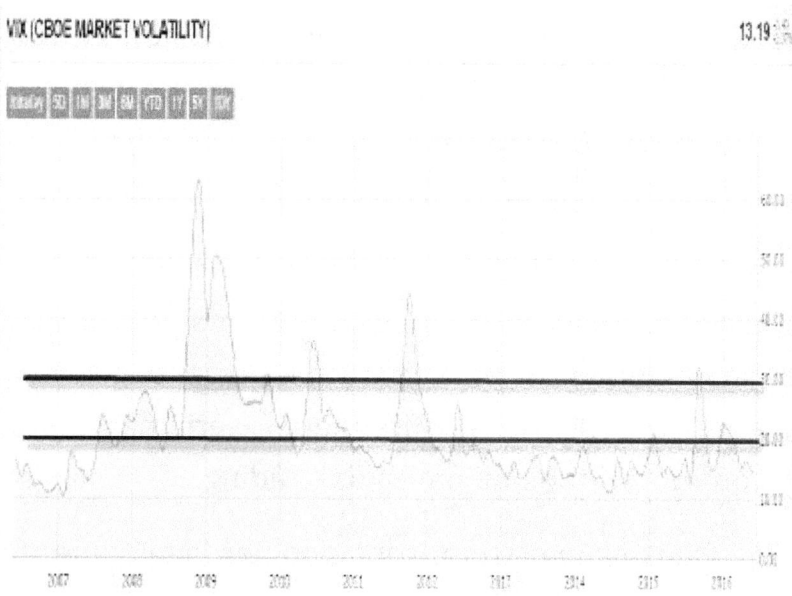

La figura 5 mostra un grafico del VIX dal 2006 al 2016. Le due linee orizzontali sul grafico sono l'indicatore di volatilità. I valori inferiori a 20 sono considerati "bassa volatilità", mentre valori superiori a 30 sono classificati come "elevata volatilità". Al momento dello screenshot, la volatilità era di 13.19, che era quasi da considerare come storicamente bassa. Chiaramente visibili sono gli anni in cui la volatilità è aumentata di gran lunga al di sopra del punto 30. In questo caso si trattava del 2008 e del 2011.

Non a caso, queste fasi coincidono con la crisi finanziaria del 2008 e la crisi dell'euro del 2011. Nei mesi di novembre-dicembre 2008, il VIX ha raggiunto valori estremi di oltre 60 punti, proprio durante le settimane del fallimento di Lehman Brothers. L'economia mondiale era sull'orlo di un disastro, e mi raccomando, se tale fase dovesse ricomparire di nuovo sui mercati finanziari, sospendete temporaneamente il trading.

Io stesso eseguo il mio swing trading su di un paniere di indici, materie prime e valute. Ecco la lista:

Indici: Dax, Dow Jones, SP500, Nasdaq100

Obbligazioni: Futures sul Bund (i futures sui titoli a 10 anni tedeschi).

Materie prime: petrolio WTI, oro e argento

Valute: EUR / USD, EUR / JPY, GBP / USD, USD / JPY, USD / CHF, AUD / USD, NZD / USD, USD / CAD

Ciò significa un totale di 16 mercati. Credetemi: se si osservano questi mercati ogni giorno, si può comprendere in modo abbastanza preciso ciò che sta accadendo sui mercati finanziari al momento. I trader più esperti sanno, naturalmente, che tutti questi mercati sono più o meno correlati fra loro.

Anche se le correlazioni possono cambiare nel corso del tempo, è ancora possibile impostare alcune regole che si applicano in generale:

1.   Gli indici azionari sono spesso altamente correlati. Quando i mercati

americani salgono, si vedrà per lo più che gli indici asiatici o europei faranno lo stesso. I tre principali indici azionari statunitensi, Dow Jones Industrials, S&P500 e Nasdaq100, possono tranquillamente essere ancora chiamati i driver dei mercati azionari del mondo. Quando questi tre entrano in un trend al ribasso, gli altri indici riescono difficilmente a contrastarli.

2.   Il dollaro è ancora la moneta più importante del mondo. Se il dollaro sale, di solito le altre principali valute come Euro, dollaro australiano, sterlina inglese, dollaro neozelandese, dollaro canadese o franchi svizzeri stanno muovendosi verso il basso.

3.   Un dollaro forte è generalmente sfavorevole per le materie prime come oro, argento o petrolio, e viceversa. Questa correlazione può ovviamente cambiare temporaneamente. Ma, prima o poi, tornerà di nuovo a manifestarsi.

Sull'argomento delle correlazioni bisognerebbe scrivere un intero libro. Se si conoscono le tre regole citate, si è già in vantaggio sulla maggior parte degli operatori di mercato, che non ne sanno nulla. Se volete affrontare, ad esempio, le correlazioni tra le valute, vi consiglio questo sito. È possibile trovare informazioni sul cambiamento di correlazione sulle principali coppie di valute su base oraria, a 4 ore e su base giornaliera.

4. Con Quali Strumenti si può fare Swing Trading?

Nella maggior parte dei mercati sulla mia lista è possibile fare trading con un **ETF**. ETF è l'acronimo di exchange-traded fund. Si tratta di un fondo di investimento che viene scambiato in borsa. Se non sapete nulla di ETF, troverete sicuramente molte informazioni facendo una semplice ricerca su Google. Esistono anche ottimi e-book sull'argomento.

La maggior parte degli ETF che riflettono i principali mercati finanziari possiede una buona liquidità. È possibile ottenere spread stretti (di acquisto e di vendita) e di solito rivendere la propria posizione non è mai un problema. Ecco una piccola lista degli ETF più popolari. Accanto ho scritto i mercati sottostanti:

- SPY: S&P500
- QQQ: NASDAQ
- GLD: Oro

Se prevedete di utilizzare lo swing trading con i **futures**, allora avrete a che fare con i gap dei prezzi, perché i mercati dei futures hanno orari di apertura. Di solito i gap di prezzo sono più piccoli nei mercati che negli equity. I mercati principali spesso non aprono il giorno dopo con grandi gap.

Molti swing trader utilizzano i CFD per la loro attività di swing trading. CFD sta per Contratti per Differenza, quindi sono strumenti che seguono il movimento dei prezzi di un mercato 1 a 1. I CFD sono simili ai futures, ed hanno un elevato effetto leva. Per illustrarvi come funzionano, vi darò un esempio sul DAX.

• Si noti che i CFD non sono ammessi negli Stati Uniti.

Si supponga di voler comprare 1 contratto CFD sul DAX a un prezzo di 10,000 (DAX stand 10.000). A seconda del broker scelto, si dovrà pagare un margine dell'1% per il contratto. Ciò significa che è sufficiente disporre di 100 euro (o sterlina inglese) sul proprio account in modo da poter acquistare 1 contratto. In questo caso, controllate 10.000 Euro con solo 100 Euro (Sterlina) puntati.

Se il DAX ora arriva fino a 10.500 punti e voi vendete, realizzerete un guadagno di 500 punti o 500 euro (Sterlina inglese). La maggior parte dei trader CFD che conosco di solito hanno non più di 1000 euro nel loro conto. Se realizzate un guadagno di 500 punti su questo trade, moltiplicherete il capitale del 50%. E basterà un solo trade!

Finché si vince, è tutto fantastico, ovviamente. Tuttavia, si dovrebbe sempre ricordare che la leva è altrettanto valida se si perde. Se si subisce una perdita, in questo caso di 500 punti, il vostro capitale sarà già diminuito del 50%! Sicuramente non è una bella sensazione ...

Per questo occorre riflettere attentamente se davvero desiderate iniziare la vostra attività di swing trading con gli strumenti a leva. Spesso è meglio affrontare la questione in maniera più conservativa e fare trading prima con gli ETF, che hanno di solito poco o nessun effetto leva. Le vincite potrebbero essere più piccole in questo caso, ma, naturalmente, anche le perdite saranno limitate.

Se volete eliminare completamente il rischio di gap di prezzo, dovreste operare solo con le valute. Le valute vengono scambiate nel corso della settimana, 24 ore al giorno. Il mercato si apre la Domenica sera e si chiude il Venerdì sera seguente. Non vi sono quindi grandi sorprese.

Dovrete semplicemente chiudere tutte le posizioni aperte prima di Venerdì sera. Di solito la Domenica sera o il Lunedi mattina è possibile riaprirle se si è convinti che la propria posizione debba essere mantenuta oltre al fine settimana.

Quando si fa trading sulle valute, è anche possibile calcolare il rischio in modo ottimale. Si rischia solo la distanza tra il prezzo d'entrata e l'ordine di stop loss.

Questo è un vantaggio importante. Con la maggior parte dei broker è anche possibile controllare al meglio le dimensioni della posizione. Vi consiglio di iniziare con i cosiddetti microlotti. Si tratta di lotti da 1000 €. Ogni leggero cambiamento di un Pip vi costerà solo € 0,1. Se perderete 50 pips, allora avrete perso solo € 5. È un metodo sicuro da utilizzare.

5. Set-up di Swing Trading

Ed eccoci giunti alla parte più importante del mio metodo: i setup dei miei trade. Anche in questo caso, cerco di operare nel modo più semplice possibile. Vi mostrerò alcuni esempi di configurazioni che utilizzo spesso. Un setup è sostanzialmente un modello sul grafico del mercato azionario. Dal momento che alcuni modelli emergono più spesso di altri, i trader hanno concordato su alcuni termini nel corso degli anni. La maggior parte di loro sono così semplici che ogni trader profano può comprenderli immediatamente.

Per inciso, al momento mi sto solo riferendo alle opportunità di ingresso. Dove posizionare lo stop e come vedere un target in una situazione specifica di mercato   rappresentano il tema del terzo libro di questa serie sullo swing trading. Il titolo del terzo libro è dunque: "Dove posizionare lo stop?" Quindi vorrei iniziare prima con la parte più facile: da dove posso cominciare?

A. supporto e resistenza

Per alcuni operatori questo approccio potrebbe essere troppo semplice. Il fatto è che i livelli di supporto e resistenza sono ancora tra i più potenti strumenti che il mercato possa offrire, a condizione di sapere cosa si sta facendo.

I termini, supporto e resistenza, derivano dall'analisi tecnica. Gli analisti parlano di supporto quando scoprono un livello dei prezzi nel grafico, dove il mercato gira ripetutamente verso l'alto. Ciò significa che sul supporto, la pressione di acquisto ovviamente aumenta portando di nuovo i prezzi verso l'alto. Quando troviamo la resistenza, invece, accade esattamente il contrario. Qui emergono sempre più venditori che spingono i prezzi verso il basso.

Il motivo per cui esiste un tale livello di prezzo può essere diverso. Nei mercati azionari, accade spesso che un operatore più grande inizi a comprare solo dopo aver raggiunto un certo livello di prezzo. Un buon trader può trarre vantaggio da questo fatto anche solo con l'acquisto a questo livello di prezzo insieme ai grandi squali del trading, fintanto che i prezzi restano impostati verso l'alto.

Naturalmente anche negli indici azionari o nei mercati valutari questo può accadere. Ma, qui, spesso anche le considerazioni grafiche puramente tecniche hanno importanza. I mercati generici sono più tecnicamente orientati. Sono coinvolte decine di migliaia di trader in tutto il mondo. Tutti guardano gli stessi tag dei prezzi sui loro grafici. Non c'è da stupirsi di come per miracolo quei prezzi si muovano su certi livelli, e questo accade più volte, spesso in successione. Uno swing trader che sia in grado di riconoscere questi punti di pivot potrebbe essere in grado di sviluppare una strategia redditizia. Comprare il supporto e vendere la resistenza (oppure andare short). Voglio ora illustrare il concetto con alcuni esempi.

Figura 7: Petrolio Crude, grafico a 4 ore, HeikinAshi

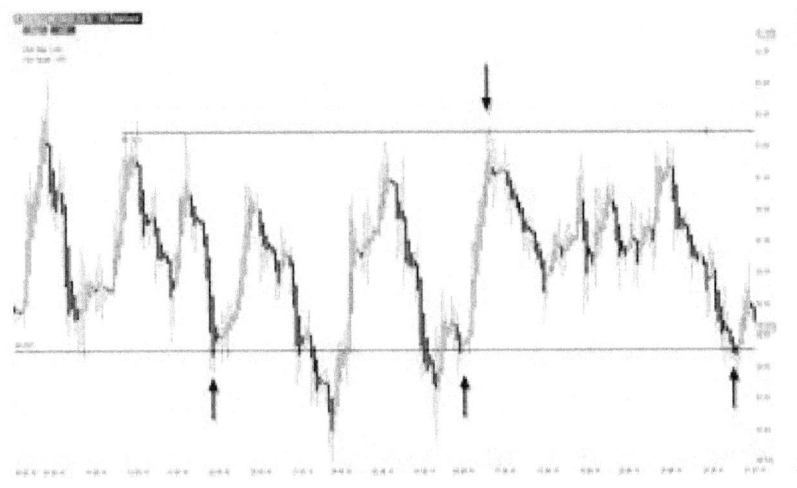

Questo esempio tratto dai Futures Mini sul Petrolio Crude illustra il concetto abbastanza bene. Il prezzo del petrolio sembra oscillare tra due aree ed è scambiato in un movimento laterale riconoscibile, detto "range". Chiaramente visibile è anche il livello di prezzo della parte superiore del range di US $ 61,74, dove il greggio inverte varie volte verso il basso (linea orizzontale superiore).

Tale livello di prezzo è quello che gli analisti chiamano resistenza.

In seguito, arrivato a US $ 58,28, il prezzo si gira di nuovo verso l'alto (linea orizzontale inferiore), punto definito supporto dagli analisti tecnici. È tipico per il mercato del petrolio che i movimenti di prezzo "esagerino" un po'. Lo vediamo in questo esempio, soprattutto sul supporto, che è stato subito violato due volte. Poche ore dopo, il greggio è tornato nel range. Nella seconda parte di questa serie sullo swing trader descriverò come operare con questi fenomeni esagerati o "falsi".

Tali range possono verificarsi in tutti i mercati. Il prezzo è ugualmente compreso tra due sui quali i maggiori operatori decidono di acquistare (supporto) o vendere (resistenza). Un buon swing trader potrà sfruttare questa situazione acquistando sul supporto, con prezzo target la resistenza e vendendo sulla resistenza con prezzo target il supporto. Gli stop protettivi vengono piazzati dal trader leggermente al di sotto del minimo della candela precedente o sopra al massimo della candela precedente per le posizioni short.

B. Doppio massimo e doppio minimo

Un punto di ingresso interessante è il cosiddetto doppio massimo e doppio minimo. Un doppio massimo si forma quando il prezzo raggiunge di nuovo, dopo un iniziale consolidamento, il massimo della salita precedente, ma non può effettuare un break out. I prezzi scendono di nuovo, in quanto tutti gli operatori di mercato sanno ora che la pressione di acquisto sta diminuendo.

Figura 8: EUR / USD, Grafico Giornaliero, HeikinAshi

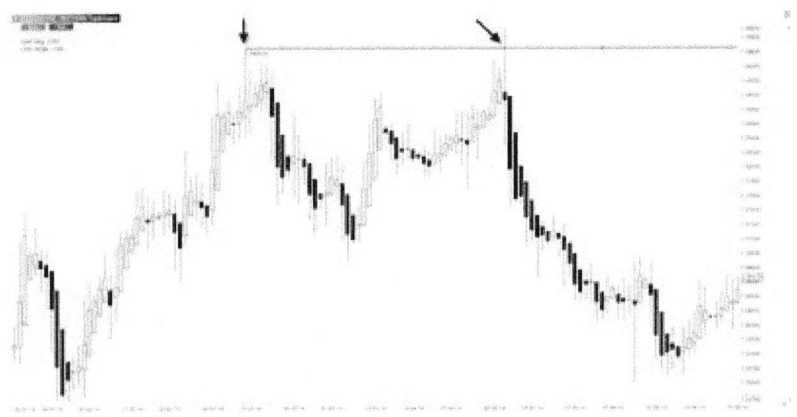

Questo esempio di un doppio massimo in EUR / USD si è verificato tra marzo e maggio 2014. L'euro aveva recuperato nei mesi successivi la cosiddetta "crisi dell'euro" e stava puntando verso 1,40 contro il dollaro. Qui l'euro ha formato il doppio massimo della figura 8 (entrambe le frecce).

È stato interessante vedere che nel secondo punto del doppio massimo (freccia a destra), il primo massimo dal 13 marzo è stato infatti superato velocemente l'8 maggio 2014, ma la candela giornaliera ha chiuso sotto al primo massimo. La coppia EUR / USD si è avvicinata nel corso del giorno di trading al livello 1,3992, ma non ce l'ha fatta a raggiungere il livelli psicologico di 1.40.

Tali dettagli sono ciò a cui gli swing trader dovrebbero prestare attenzione. Questa informazione indica che massicci ordini di vendita sono presenti in prossimità di 1.40, impedendo all'euro di superare questo livello. Il risultato fu una consistente vendita di EurUsd nei giorni e settimane che seguirono. Il bilancio fu di 500 pip in meno.

Ma, non è tutto. Questa prima mossa verso il basso non era che l'inizio di un ulteriore massiccio ribasso in EUR / USD, che alla fine ha portato il cambio al di sotto di 1,05. In altre parole: il doppio top valeva un totale di 3500 pips! Chi fosse andato short a questo punto posizionando uno stop protettivo all'incirca sopra a 1.40, avrebbe ottenuto un ritorno fantastico.

Nonostante queste opportunità siano rare, esse esistono, e credo che ogni swing trader dovrebbe cercare di prendere almeno alcuni di questi movimenti. Un solo trade di questa categoria può far fruttare un anno di trading.

La situazione opposta si verifica con un doppio minimo. Nell'esempio che segue, da febbraio 2016 i prezzi dei future E-mini (Figura 9) avevano raggiunto un primo minimo, dopo di che avevano recuperato temporaneamente. In una rinnovata ricaduta hanno raggiunto un primo minimo per la seconda volta, ma qui i venditori non erano più in grado di spingere il mercato verso il basso. Risultato: i prezzi ancora una volta hanno cominciato a salire e il doppio minimo era perfetto.

Figura 9: E-mini, Grafico Giornaliero, HeikinAshi

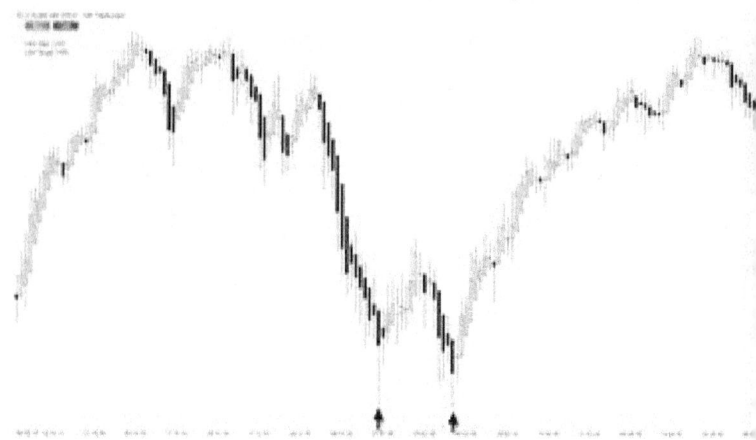

Questo esempio sul future dell'indice azionario americano **S&P500** è uno standard esemplare. Il 20 gennaio 2016, il prezzo ha raggiunto un primo minimo a 1804. Nei successivi giorni di trading ha recuperato un po', ma è poi tornato indietro per la seconda volta, formando un secondo minimo in data 11 febbraio 2016 a 1.802,50. Ora, questo secondo minimo era davvero "qualcosa" di più profondo rispetto al primo. Durante il giorno l'E-mini ha recuperato e formato una cosiddetta candela di inversione. Si tratta di una candela, che segna un nuovo minimo, ma chiude nei pressi dei massimi della giornata durante la sessione di trading. I venditori non sono riusciti dunque a mantenere i prezzi bassi.

Il giorno successivo, l'E-mini forma una spinning top. Questa è una formazione con un piccolo corpo ma con lunghe ombre sopra e sotto. Tale candela indica una situazione di equilibrio tra compratori e venditori. Almeno la pressione di vendita si era esaurita e la possibilità che si trattasse di un doppio minimo era ormai un dato di fatto.

Figura 10: FDAX, grafico a 4 ore, HeikinAshi

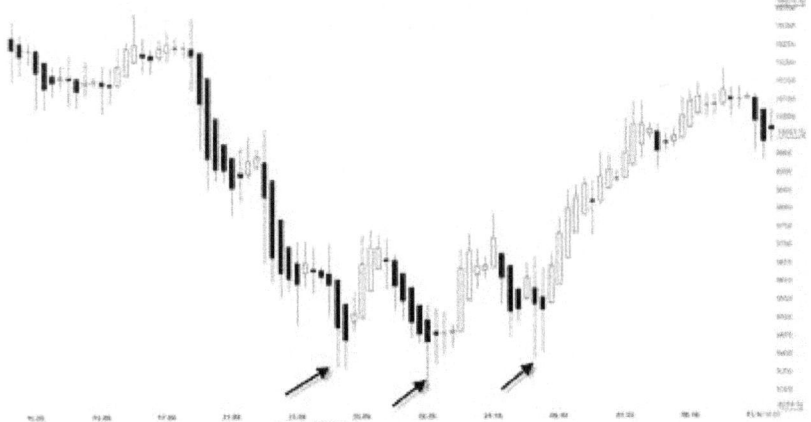

Ottime opportunità di trading si trovano anche nel triplo minimo come mostrato nella Figura 10 nella **FDAX**. Questa formazione di minimo era molto interessante, perché il secondo minimo (freccia media) era leggermente inferiore rispetto al primo e al terzo. Questo segnala al trader, da un lato, che i minimi sono stati davvero esplorati e d'altro canto che i compratori erano sempre pronti a questo livello per entrare sul mercato.

Si può riconoscere questo fatto nelle lunghe ombre tra le candele (tre frecce). Ciò rende queste candele simili alle sopra menzionate candele di inversione, che hanno suggerito una rotazione di 180° in direzione opposta, che in questo caso è avvenuta dopo il terzo minimo. Il segnale di acquisto è giunto dopo la prima candela bianca che segue l'ultima candela di inversione (terza freccia a destra).

Figura 11: Futures SMI, grafico giornaliero, HeikinAshi

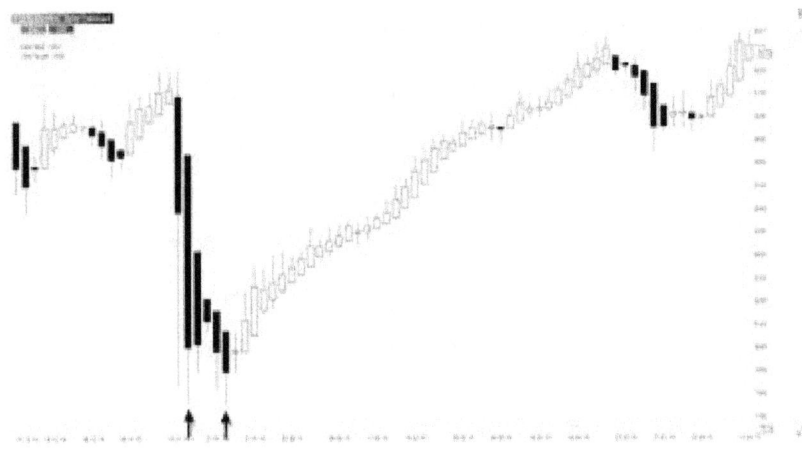

Gli eventi straordinari a volte portano ad opportunità anche inusuali. Alcuni trader ricorderanno il cosiddetto "Tsunami del franco svizzero" del 15 gennaio 2015. In questa data la Banca nazionale svizzera ha alzato il valore del franco sull'euro in un colpo solo. Il franco è aumentato di prezzo nel giro di mezz'ora del 20%, il che rappresenta un movimento eccezionale nel mercato Forex.

Questo fatto, naturalmente, ha avuto le sue conseguenze sul mercato azionario svizzero. La figura 11 mostra il future SMI, quindi il future sull'indice azionario svizzero in quei giorni. Dopo che l'indice si era tranquillizzato nei giorni seguenti il crash, si è potuto tracciare un doppio minimo (frecce) sul grafico HeikinAshi, che ha fornito una straordinaria opportunità. Nelle settimane successive, l'indice ha completamente recuperato. Le perdite sono state recuperato giorno dopo giorno, come ben si desume chiaramente dalle candele HeikinAshi.

È abbastanza utile per uno swing trader osservare i mercati che hanno, per esempio, subito una forte discesa, È fondamentale che si trovi un pattern di prezzo che suggerisca un'inversione, come nell'esempio dell'SMI. Alla fine, i mercati recuperano anche dai colpi più profondi che ricevono.

Per i titoli azionari, invece, non è sempre così, perché a differenza degli indici che rappresentano un intero paniere di titoli, le azioni di una società potrebbero scendere a zero, come alcuni fallimenti spettacolari della storia economica hanno dimostrato in maniera impressionante. Questo è anche un buon motivo per cui uno swing trader come me decide di operare nei mercati generici. I mercati non vanno in bancarotta. Le aziende sì.

C. Breakout

Certamente i breakout hanno subito dure critiche negli ultimi anni ed è giusto così. Il motivo è: ci sono troppi falsi segnali per poter utilizzare ancora questo modello con profitto. Capisco queste ragioni ma vorrei anche chiarire che non si può equiparare tutte le situazioni di breakout.

Nel secondo libro di questa serie sullo swing trading entrerò nei dettagli sul fenomeno dei cosiddetti falsi breakout, mostrando come sia possibile sviluppare una strategia di trading molto redditizia che soddisfi le reali esigenze del mercato di oggi.

Ci sono alcuni breakout che sono più significativi di altri. Una delle mie regole è: più tempo richiede il consolidamento (più test servono al mercato per rompere un supporto o una resistenza), più importante diventa il potenziale break out. In altre parole: cinque tentativi sono molto più significativi di tre.

Quando vedo una cosa del genere, allora io me ne interesso.

Figura 12: EUR / JPY grafico a 4 ore, HeikinAshi

Questo esempio del cross EUR / JPY (Euro - Yen giapponese) illustra quello che sto dicendo. Possiamo notare che il cross ha tentato più volte di superare una linea di resistenza piatta. EUR/JPY ha effettuato un totale di 8 tentativi, fino alla riuscita (frecce dall'alto). Il breakout non è stato, come spesso accade in questi casi, spettacolare. Al contrario, il cross ha viaggiato per ore oltre la linea e ha ripetutamente effettuato brevi incursioni al di sotto (4 frecce dal basso verso l'alto).

Lo swing trader, quindi, ha avuto tutto il tempo per pensare ad una buona entrata, che lo ha ad un certo punto anche ripagato. All'apice del movimento infatti, si sono raggiunti i 400 pips!

D. Bandiere

Dopo i forti movimenti di tendenza, i consolidamenti temporanei non sono infrequenti. Il mercato si ferma per un breve periodo di tempo e poi continua il suo movimento in trend. È per questo che si parla in questo caso di modelli di trend di continuazione. Queste formazioni possono assumere forme diverse, ma i più noti sono probabilmente i cosiddetti flag o bandiere.

L'immagine del "flag" viene quindi utilizzato dai trader, perché la formazione si presenta in realtà come una sorta di bandiera. La fase di rialzo precedente è considerata come il pennone, mentre il breve consolidamento contrario può essere visto come una bandiera. Non ci sono solo i flag, ma anche i pennant. In un pennant, il consolidamento non procede all'interno di un canale con rette parallele come per la bandiera, ma piuttosto si forma con massimi e minimi convergenti.

Se si specula sulla continuazione del trend, ci si aspetta che questo trend sia ancora forte e non terminato. Un flag suggerisce questo. In contrasto con il trading range il trader qui specula davvero sulle grandi tendenze, che naturalmente si verificano anche sul mercato azionario di tanto in tanto.

I flag rappresentano ottime opportunità per un trader capace di identificarli in un grafico. Ci sono trader che si occupano esclusivamente di questo modello e operano solo con i flag. I flag in un trend rialzista sono semplicemente denominati flag rialzisti. In un trend ribassista sono chiamati flag ribassisti. Principalmente essi vanno in contrasto con il trend principale come nella figura 13 di seguito.

Figura 13: FDAX, grafico a 4 ore, HeikinAshi

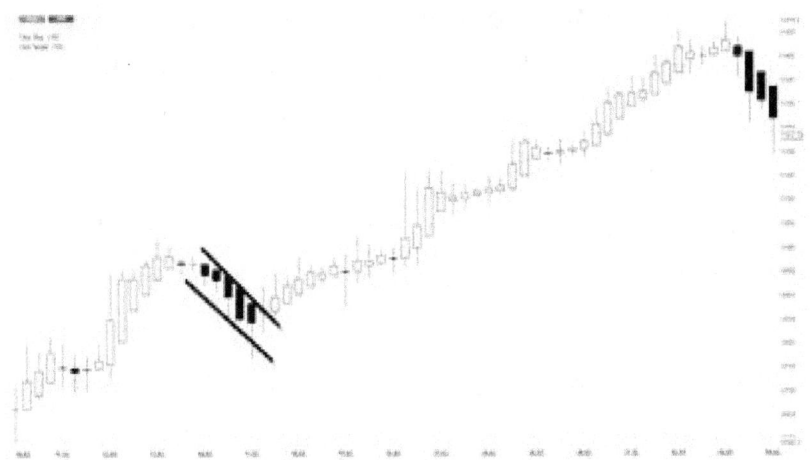

Questo esempio nel FDAX illustra il concetto di un flag rialzista molto bene. Vediamo una chiara tendenza al rialzo sulla parte sinistra del grafico. La maggior parte delle candele HeikinAshi sono di colore bianco. L'apparente movimento opposto si verifica dopo alcune ore. Qui le candele sono nere, con il mercato che sembra voler tornare indietro verso il basso almeno temporaneamente. Questa fase di consolidamento dura solo per un breve periodo. Dopo un po' l'FDAX comincia a salire di nuovo.

Solitamente, bandiere si estendono in un piccolo canale di tendenza. La rottura della linea superiore di questo canale fornisce il segnale di acquisto. I flag rialzisti sono quindi interessanti anche perché di solito si verificano nelle fasi di tendenza forti, come in questo esempio. Il mercato dovrebbe continuare il suo trend subito dopo la fine del flag. Il trader può assicurarsi la sua posizione con uno stop un po' al di sotto del canale di tendenza che delimita il flag.

Con i flag i trader raggiungono solitamente un buon rapporto rischio-rendimento. Una posizione acquistata a 10.900 punti avrebbe potuto essere protetta da uno stop di 100 punti. Ma, questo swing trade ha prodotto 1500 punti! In altre parole, il trade ha generato un rapporto di rischio-rendimento (RRR) di 1:15!

In un indice come il DAX, si tratta di un enorme profitto che non ha mai corso nessun pericolo. Durante quest'ondata di acquisti dopo il flag, le

Candele HeikinAshi sono rimaste sempre bianche. L'uscita dal trade è avvenuta quindi 1500 punti oltre la prima candela nera.

Tali opportunità accadono più volte su un grafico a 4 ore. Credo quindi che questo lasso di tempo possa essere molto redditizio se il trader ha la pazienza di aspettare l'occasione giusta.

6. Money Management

La gestione del denaro o money management è certamente uno degli strumenti più importanti per un trader. In termini di rischio, naturalmente, si deve notare che questo viene gestito in modo diverso da ciascun operatore. Una regola generale è che non si dovrebbe mai rischiare più dell'1% del proprio capitale per ogni trade.

C'è una buona ragione. Supponete di aver sbagliato 10 volte di fila (che non è un avvenimento così raro). Con un rischio dell'1% perderete il 10% del vostro capitale. Ora è necessario ottenere un 11% di profitto per tornare al pareggio (a 0). Questo è fattibile.

Ma, se rischiate il 5% per trade (cosa che piace fare a molti principianti), e subite 10 sconfitte di fila, già la metà del vostro capitale è andata. Va da sé che questo è estremamente dannoso per la vostra psiche. Oltre al fatto che avrete bisogno di ottenere un 100% di profitto per ripristinare la vostra condizione iniziale.

Un altro approccio, che mi sento di raccomandare è di specificare semplicemente un importo fisso, come rischio massimo per trade. Si potrebbe, per esempio, concordare di non rischiare più di 100 € per trade, che rappresenterebbe la vostra zona di comfort. In seguito, con l'aumento della vostra conoscenza e del vostro livello di confidenza, sarete in grado di aumentare questa cifra.

7. Diario di Trading

Suggerirei a tutti i trader (non solo ai principianti) di tenere un diario di trading. Io ho sempre tenuto un diario dei miei trade nel corso degli anni. Perché? Perché dopo un po' di tempo otterrete statistiche molto interessanti sul vostro comportamento di trading.

Dopo una serie di trade, un diario vi potrà dire per esempio in quali mercati vi siete trovati bene e in quali meno. Non sono informazioni interessanti? E non trovate che abbia senso invece di concentrarvi solo sui vostri punti di forza?

Io so di operare bene con il franco svizzero e il dollaro canadese. La sterlina britannica invece, non la devo toccare: qui le mie statistiche non sono affatto buone. Quando opero sull'FDAX e sull'euro vado relativamente bene, ma funziono al meglio sul Dow Jones. Se disporrete di dati del genere, è abbastanza chiaro decidere a quali mercati dovreste rivolgervi.

C'è anche un guadagno a livello psicologico. Un diario vi darà sicurezza. Il monitoraggio giornaliero e settimanale e la revisione dei vostri trade vi forniranno stabilità e continuità. Questo è particolarmente importante quando le cose non vanno molte bene. Potrete infatti guardare il vostro diario e notare che avete già passato periodi del genere in passato, e ce ne saranno altri … Semplicemente, fa parte del business del trading.

Ecco un esempio dal mio giornale di trading:

Figura 14: Diario di Trading

Datum	Underlying	Position	L/S	Entry	Stop	Risk	Exit	Points P/L	P/L Euro
08. Apr	Gold	15	L	1576,6	1579,9	376	1579	-30	-342
09. Apr	DAX	15	L	7703	7690	195	7698	-4	-60
	EUR/USD	150.000	S	1,3034	1,300	274	1,3046	-12	-137
	Dow Jones	15	S	14615	14640	285	14612	3	34
10. Apr	BTP	15	S	111,82	112,15	495	111,97	-15	-225
	EUR/USD	150.000	S	1,3076	1,311	388	1,308	-4	-46
11. Apr	EUR/JPY	100.000	S	130,52	130,68	106	130,68	-16	-106
	EUR/USD	100.000	S	1,3121	1,3136	114	1,3136	-15	-114
	WTI	10	S	94,36	94,7	258	94,04	33	251
	Gold	7	S	1556	1563	372	1561	-50	-266
12. Apr	Silver	15	S	27,53	27,7	194	26,36	117	1334
	DAX	10	L	7802	7770	320	7889	-13	-130
	Silver	15	S	2707	2740	376	26,36	71	809
W15								65	1002

Ho eseguito 13 trade durante quella settimana. Di questi, non meno di 9 sono finiti in perdita! Ma questa è una settimana normale completa. Vedete, non stava andando molto bene fino a Giovedì, 11 aprile. Ma poi, il Venerdì ho ottenuto due guadagni molto redditizi nel mercato dell'argento. Queste 2 vincite hanno fatto la differenza per tutta la settimana. Ma se non avessi limitato il numero di perdite, non avrei ottenuto nessun profitto. Alla fine il bilancio di + € 1002 non era affatto male, nonostante il fatto avessi perso oltre il 60% dei trade.

8. Cos'è Tutto Questo?

Ho volutamente scelto questo esempio da mio diario di trading, perché illustra abbastanza bene l'arte del trading. La maggior parte dei 13 trade della settimana ha portato poco profitto, o addirittura perdite. Questo è del tutto normale e all'ordine del giorno. Ma, a volte si ottiene una buona occasione come quella dei due trade sull'argento il Venerdì: questi due trade avevano fatto la differenza.

Non riuscirete ad ottenere trade di questo tipo generalmente se non avrete adottato un approccio disciplinato nei giorni precedenti. Il più importante problema psicologico del trader è che non si sa mai quando queste vincite arriveranno. Ma una cosa è certa: quelli di noi che sono ben preparati, riusciranno ad ottenere una di queste opportunità!

Vi auguro il successo!

HeikenAshi Trader

Se avete domande, potete contattarmi a:
pdevaere@yahoo.de

Glossario

Bond: Obbligazioni fruttifere generatrici di interessi

Breakeven: Il punto in cui costi e ricavi si eguagliano

Candlestick: Metodo di analisi delle variazioni dei prezzi, basata su una tecnologia di analisi giapponese

CFD: Contratti per Differenza

Modello di continuazione: Pausa nel trend principale, al termine del quale si riprende la direzione precedente.

Correlazione: La correlazione è una misura statistica di come due titoli si muovono in relazione reciproca.

DAX: Principale indice azionario tedesco

Doji: Particolare tipo di candela nella quale i prezzi di apertura e chiusura sono allo stesso livello.

Trading giornaliero: Descrive una forma di trading speculativo di breve termine. Un trader aprirà una posizione e all'interno della stessa giornata di trading la chiuderà.

E-Mini Futures: Contratti futures sul S&P500 americano

Forex: Il mercato in cui vengono scambiate le valute.

Futures: Contratto Futures. Contratto standardizzato per comprare o vendere una specifica quantità di una merce ad un determinato prezzo, in una data specifica.

Gap: un divario di prezzo tra due giorni di trading.

HeikinAshi: "In equilibrio su di un piede solo" rappresentazione giapponese delle variazioni dei prezzi.

Indicatore: Indice di analisi tecnica, progettato per determinare i movimenti dei prezzi dei titoli.

Limite Ordine: Ordine con un prezzo fisso e / o timing fisso per l'esecuzione.

Liquidità: Descrive la facilità con cui un titolo può essere venduto e comprato in un dato momento.

Ordine a mercatgo: Un ordine a mercato viene eseguito in borsa al prezzo migliore possibile nel momento dell'inserimento dell'ordine.

Momentum: Il momentum segnala all'investitore ritmo e forza di un movimento dei prezzi.

Microlotto: Un microlotto corrisponde ad un contratto di € 1.000 in una coppia di valute.

Money Management: Gestione del denaro, riferita a una strategia che mira a controllare il rischio del portafoglio titoli determinando le dimensioni adeguate delle singole posizioni di trading.

OCO (Uno annulla l'altro): Una combinazione di stop-loss e prezzo limite di vendita; quando viene raggiunto il limite o il prezzo di stop, l'ordine viene eseguito e ogni ordine cancella l'altro ordine.

Pip: La più piccola variazione di prezzo che un dato tasso di cambio può effettuare.

Posizione di trading: Una posizione che un trader tiene a lungo termine (mesi o anni).

Range: un trading range chiaro definito in un determinato periodo.

Rapporto rischio-rendimento (RRR): L'RRR è un indicatore dell'utilità di un sistema di trading. Si calcola dividendo la redditività per la perdita massima realizzabile.

Posizione Short: Un trader è short quando vende una posizione senza possederla (vendita short).

S&P 500 (Standard & Poors 500): Indice azionario che comprende le azioni di 500 fra le più grandi società quotate degli Stati Uniti.

Spinning Top: Modello grafico con un piccolo corpo e lunghe ombre.

Spread: la differenza tra il bid e l'ask di prezzo.

Stock Index: Misura della performance di un indice azionario di mercato o di gruppi di azioni singole (ad esempio DAX o NASDAQ).

Ordine Stop Loss: Ordine di vendita che viene effettuato al raggiungimento di un certo prezzo.

Ordine Take Profit: Un ordine Take Profit viene utilizzato quando il mercato raggiunge il tasso di profitto desiderato.

Candela di inversione: Una candela di inversione (anche detta Pin Bar) termina un precedente movimento di prezzo in una direzione e introduce un nuovo movimento di prezzo nella direzione opposta. La chiusura della candela avviene solitamente nella parte alta della stessa.

VIX: il VIX esprime la volatilità attesa dell'indice azionario americano S&P 500.

Volatilità: Deviazione standard. Specifica il grado di variazione del prezzo di un mercato.

Altri libri di Heikin Ashi Trader su Amazon

(Disponibile come e-book e in cartaceo)

Swing Trading con il grafico a 4 ore

Parte 2: Trading sui Fake!

Nella seconda parte della serie "Swing Trading con il grafico a 4 ore", il trader HeikinAshi Trader parla del fenomeno dello stop fishing e dei Fakeouts, così come dei tanti inganni messi in campo dai principali attori del mercato e dagli algoritmi dei mercati finanziari di oggi. Questi spesso sembrano essere più la regola che l'eccezione.

Ma queste circostanze sono ciò che uno swing trader intelligente può sfruttare invertendo i ruoli. Invece di cadere nei tanti trucchi dello Smart Money, può imparare a identificarne le loro tracce nel grafico. Da questo, potrà sviluppare una strategia di swing trading altamente redditizia che si concentra esclusivamente sulla rilevazione dei cosiddetti "fake". Spesso, si scopre che gli inganni dei principali partecipanti del mercato rappresentano solo l'inizio di un movimento significativo. Fare trading su questo è alquanto gratificante.

Con riferimento ai diversi esempi nei diversi mercati e nelle varie situazioni grafico tecniche, l'autore segue le tracce dello Smart Money. Con la pratica, ogni operatore può individuare questi trucchi su un grafico e identificare le intenzioni sottostanti. Tale strategia appare più aderente più alla realtà dei mercati di oggi, piuttosto che cercare di battere il mercato con metodi obsoleti.

Contenuto

1. Ottenere il meglio da una finta!

2. Come identificare i fake?

3. Come posso fare trading sui Fake?

4. Fake su modelli grafici tecnici

A. Bandiere

B. Triangoli

Come Avviare un'Attività Redditizia di Trading con €500

Sommario

1. Come Diventare un Trader con soli €500 a Disposizione?

2. Come Acquisire Buone Abitudini di Trading?

3. Come Diventare un Trader Disciplinato

4. La Fiaba dell'Interesse Composto

Sull'autore

Heikin Ashi Trader è lo pseudonimo di un trader che possiede più di 15 anni di esperienza nel trading giornaliero sui futures e sui mercati esteri. Si è specializzato in scalping e day trading veloce. In aggiunta a questo, ha pubblicato vari libri auto-esplicativi sulle sue attività di trading. Gli argomenti più popolari sono: scalping, swing trading, gestione del denaro e del rischio.

Stampa

Testi: © Copyright by Heikin Ashi Trader

Swiss Post Box 106287

Zürcher Strasse 161

CH-8010 Zurigo

Svizzera